Lis Anna Björnson

DEINE STADT, DEINE SKYLINE

20 kreative Projekte,
die deine Lieblingsstadt
zu dir nach Hause holen

In diesem Buch feiern wir die Liebe zu unserer Heimatstadt, die Sehnsucht nach unseren Traumstädten oder wundervolle Erinnerungen an unseren letzten Urlaub. Mit unserer Lieblings-Skyline auf Taschen, Tellern oder Teelichten zeigen wir stolz, wo wir herkommen oder wo wir gerne sind. Überrascht euch selbst wie auch eure Freunde und Familie mit neuen, liebevoll kreierten DIY-Highlights mit Lokalkolorit.

Ich wünsche euch viel Freude beim Umsetzen der verschiedenen Skyline-Projekte und freue mich schon jetzt, in Zukunft eure Lieblingsstädte auf T-Shirts, Wohnaccessoires und an euren vier Wänden zu sehen. Ein Hoch auf deine Stadt und auf deine Skyline!

Herzlichst,
eure Lis Anna Björnson

HINWEISE ZU DEN VORLAGEN

Alle Skylines findest du als Kopiervorlage auf dem Vorlagenbogen als auch als digitale Druckvorlage zum Download. Lies zum Umgang mit den Vorlagen auch die Grundanleitung auf Seite 4 und 5.

Als besonderes Extra stehen dir außerdem 50 verschiedene Elemente wie Brücken, Gebäude oder Bäume zum Download zur Verfügung (eine Auswahl dieser Elemente siehst du auf dieser Seite), die du miteinander beliebig kombinieren und so deine ganz individuelle Skyline erstellen kannst. Inspirierende Projekte dazu findest du auf den Seiten 42–47.

Die Vorlagen und die Plotterdateien zu diesem Buch stehen im TOPP Download-Center unter *www.topp-kreativ.de/downloadcenter* nach erfolgter Registrierung zum Ausdrucken bereit. Den Freischalte-Code findest du im Impressum.

GRUNDANLEITUNG

SKALIEREN AM COMPUTER

Wie dir beim Durchblättern dieses Buches sicherlich auffällt, werden die Skylines für unterschiedliche Projekte in verschiedenen Größen eingesetzt. Wenn du deine Skylines selbst ausdrucken möchtest, klappt das am einfachsten, wenn du dir zunächst mithilfe des Download-Codes auf Seite 48 die Vorlagen als PDF runterlädst. Öffne die Datei in einem Bildbearbeitungsprogramm. Wenn dein Programm beim Importieren der PDF-Datei nach der Skalierung fragt, gib die in der jeweiligen Modellanleitung angegebene Größe ein. Alternativ kannst du die gewünschte Abmessung der Skyline vor dem Ausdrucken im Druckmanager angeben.

SKALIEREN AM KOPIERER

Auf dem Vorlagenbogen findest du alle Skylines auch als Kopiervorlage. In jeder Anleitung ist der genaue Skalierungsfaktor angegeben, mit dem du die Vorlage für das entsprechende Modell am Kopierer vergrößern oder verkleinern kannst.

INDIVIDUELLE SKYLINE MITHILFE EINES BILDBEARBEITUNGSPROGRAMMS ZUSAMMENSTELLEN

Du findest einzelne Elemente ausschließlich als Download, die du nach Belieben miteinander kombinieren und mit denen du deine ganz persönliche Skyline kreieren kannst. Nimm z.B. einen Berg, eine Brücke, eine Kirche, zwei geduckte Häuser und einen Baum und deine Heimatstadt kann als Bastelprojekt auf Tabletts, Tellern und Taschen umgesetzt werden. Öffne dafür das Bildbearbeitungsprogramm deines Computers und gehe folgendermaßen vor:

1 Öffne die Datei mit dem Skyline-Element sowie eine leere Datei im Querformat.

2 Schneide mit dem Auswahlwerkzeug ein gewünschtes Element nach dem anderen aus und verschiebe es nacheinander mit dem „Verschieben"-Werkzeug in die leere Datei.

3 Positioniere dort alle ausgewählten Elemente entlang einer waagerechten Linie.

4 Nun kannst du deine persönliche Skyline skalieren, indem du mit dem Auswahlwerkzeug alle Elemente gleichzeitig markierst. Die so entstandene Auswahl kannst du an den Eckpunkten größer oder kleiner ziehen. Um deine selbst gestaltete Skyline später ganz unkompliziert für alle Modelle in diesem Buch skalieren zu können, lege sie am besten mit 28 cm Breite an.

VERWENDUNG VON TINTENSTRAHL- UND LASERDRUCKER

Um Skylines zu duplizieren oder zu skalieren, wird für viele der hier gezeigten Modelle ein ganz normaler Tintenstrahldrucker benutzt. Einige der hier vorgestellten Techniken, wie z.B. der Bildtransfer per Klebeband und das Übertragen von Bildern per Bildtransfermedium, können nur mit Ausdrucken aus einem Laserdrucker umgesetzt werden. Doch keine Sorge, du musst keine neuen Geräte anschaffen, wenn du selbst „nur" über einen Tintenstrahldrucker verfügst. Drucke das gewünschte Motiv ganz einfach auf deinem heimischen Drucker aus und lasse es im nächsten Copy-Shop als Farbkopie duplizieren. Schon liegt dir der benötigte Laserausdruck vor.

KOPIEN ANFERTIGEN

Bitte beachte bei der Anfertigung von Kopien, dass für das Umsetzen bestimmter Modelle Laserkopien benötigt werden. Wenn du unsicher bist, welche Art von Kopierer du nutzt, frag einfach im Copy-Shop deines Vertrauens nach.

BILDTRANSFER MIT TRANSPARENTEM KLEBEBAND

Du benötigst:

- transparentes Paketklebeband
- Rakel
- Transfermotiv als Laserkopie
- Schüssel mit sehr warmem Wasser

Einerseits löst sich das Trägerpapier mit sehr warmem Wasser schneller und besser ab. Andererseits aktiviert die Wärme den Kleber des Paketbands und das Bild kann direkt auf dem neuen Trägermaterial fixiert werden. Falls das Wasser schon zu kalt ist und der Kleber keine eigene Klebekraft mehr hat, tupfe die Trägerfolie trocken, streiche sie mit einem Klebestift ein und klebe sie dann auf. Deinem Ausguss zuliebe solltest du das abgeriebene Papier mit einem feinen Küchensieb aus dem Wasser sieben, bevor du es wegschüttest. Entsorge das Papier im Restmüll.

RAKEL

Um beim Bildtransfer mit Klebeband das Klebeband sehr fest und ohne Bläschen mit dem neuen Untergrund zu verbinden, verwende ich zum Glattstreichen eine Rakel. Wer dieses praktische Werkzeug noch nicht in seiner Bastelausstattung hat, benutzt ganz einfach eine Scheckkarte oder eine andere feste Plastikkarte (wie z.B. Kundenkarten etc.).

WASHI-TAPE

Vorlagen o.Ä. fixiere ich am liebsten mit Washi-Tape. Im Gegensatz zu anderen Klebebändern oder Malerkrepp, kannst du dieses nach dem Einsatz einfach und rückstandslos entfernen.

STICKEN

Plattstich

Der Plattstich eignet sich sehr gut, um kleinere Flächen zu füllen. Stich am oberen Rand der zu füllenden Fläche von unten nach oben aus, dann am unteren Rand der Fläche wieder ein und sehr nah am vorherigen Ausstichloch wieder aus. Setze die Stiche dicht nebeneinander, um die Fläche lückenlos zu füllen.

Rückstich

Mit dem Rückstich kannst du sehr gut geschlossene Linien sticken. Stich die Nadel dafür von unten nach oben aus. Mit etwas Abstand stichst du rechts vom Ausstichloch ein und mit etwas Abstand zum Ausstichloch links wieder aus. So entsteht nach links wachsend eine geschlossene Linie. Halte dich auf einer Linie und mach keine zu großen Stiche.

Land: Deutschland
Bundesland: Hamburg
Einwohner: 1.830.584
Fläche: 755,22 km^2
Koordinaten: 53° 33′ N, 10° 0′ O

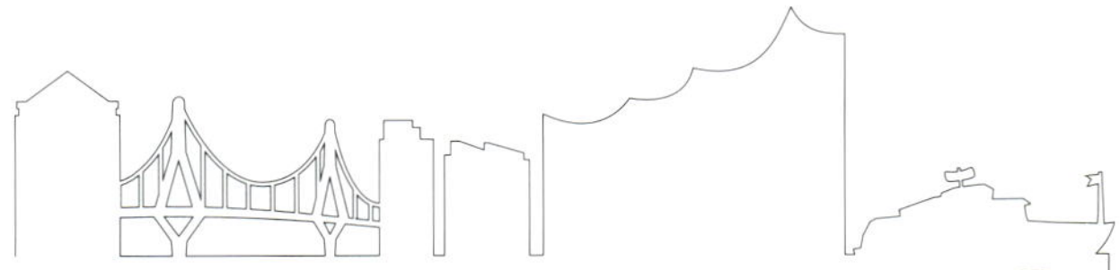

HAMBURG
SCHLÜSSELBOARD

MOTIVBREITE
22 cm

MATERIAL
- Fichtenholz, 2 cm stark, 22 cm x 9,5 cm
- Acrylfarbe in Weiß
- Sprayfarbe in Hellblau
- Klarlack
- Kordel in Schwarz, 6 mm stark, 30 cm lang
- Fototransfermedium
- Pinsel
- Rakel
- Schleifpapier, Körnung 120
- 2 Reißzwecken
- Holzbohrer, 4 mm stark
- 5 Schraubhaken verzinkt, 2,8 mm x 30 mm
- Akkubohrer

1 Glätte die Kanten des Holzstücks mit dem Schleifpapier und entferne die Staubreste mit einem trockenen Tuch. Streiche das Holzstück weiß an und lasse es gut trocknen.

2 Drucke deine Wunschskyline (z.B. Hamburg) und den farbigen Schriftzug „Zuhause" als Laserdruck aus. Alternativ kannst du die Skyline-Vorlage und den farbigen Schriftzug auf einem Laserkopierer kopieren. Beachte dazu die untenstehenden Hinweise zur Vorlage.

3 Den Skyline-Ausdruck auf dem Holzstück positionieren und passend zuschneiden. Mit einem Pinsel sowohl auf die Vorderseite des Holzstücks als auch auf die bedruckte Seite des Skyline-Ausdrucks dick Fototransfermedium auftragen. Die bedruckte Seite auf die Vorderseite des Holzstücks auflegen und mit der Rakel den Ausdruck fest auf das Holzstück drücken. Lass alles gut durchtrocknen, am besten über Nacht.

4 Nach dem Trocknen die Rückseite des Ausdrucks mit kaltem Wasser anfeuchten und das Papier abreiben, bis das Motiv zum Vorschein kommt. Erneut trocknen lassen. Arbeitsschritt 3 und 4 für den Schriftzug wiederholen.

5 Lackiere die Schraubhaken mit der Sprayfarbe. Um die Farbe vor schnellem Abrieb zu schützen, nach dem Trocknen zusätzlich Klarlack auftragen.

6 Die Schlüsselhaken werden auf die Vorderseite des Bretts, mit jeweils 3 cm Abstand zum seitlichen und 2 cm zum unteren Rand sowie 4 cm Abstand zueinander, platziert. Bohre die Löcher ca. 1 cm tief vor und schraube dann die Haken fest ein.

7 In die Kordelenden jeweils eine ca. 2 cm große Schlaufe knoten. Mit jeweils einer Reißzwecke die Schlaufen auf beiden Seiten des Boards als Aufhängung befestigen. Ab jetzt heißt es auch für deine Schlüssel: „Willkommen zu Hause!"

VORLAGE Skyline „Hamburg" (oder beliebige Stadt) Druckvorlage: 16 cm breit, spiegelverkehrt (Laserdruck) +++ **oder** Kopiervorlage (Bogen A): Skalierungsfaktor 57 % (Laserkopie) +++ Schriftzug „Zuhause" (Bogen B): Originalgröße, spiegelverkehrt

Zuhause!

Land: Deutschland
Bundesland: Nordrhein-Westfalen
Einwohner: 1.080.394
Fläche: 405,02 km^2
Koordinaten: 50° 56′ N, 6° 57′ O

KÖLN
SEIFENSPENDER

MOTIVHÖHE
27 cm

MATERIAL
- Seifenspender in Transparent
- Flüssigseife in Transparent
- Paketklebeband in Transparent
- Transparentfolie, 0,2 mm stark, 2x 6 cm x 8 cm
- Kreisstanzer, ø 5 mm, 6 mm und 8 mm
- Papierrest in unterschiedlichen Farben
- Kopierpapier
- Rakel
- kleine Schüssel mit warmem Wasser
- Geschirrhandtuch

1 Alle Etiketten und Klebereste mit lauwarmem Wasser von dem Seifenspender ablösen und den Seifenspender mit Flüssigseife füllen.

2 Drucke deine Skyline als Laserdruck aus. Beachte dazu die untenstehenden Hinweise zur Vorlage.

3 Klebe das Paketklebeband jeweils passgenau auf beide Skyline-Vorlagen und drücke es mit der Rakel fest an. Zerschneide beide Skylines in identischer Aufteilung in drei Teile mit je maximal 6 cm Breite.

4 Du benötigst nun die zwei linken Teile des seitenrichtigen Ausdrucks und das ganz rechte Teilstück der seitenverkehrten Skyline. Lege diese drei Teile in eine Schüssel mit warmem Wasser und warte, bis sich das Papier löst.

5 Den Teil ganz links der seitenrichtigen Skyline jetzt direkt auf die Vorderseite des Seifenspenders kleben, sehr fest andrücken und mit einem sauberen Tuch etwaige Bläschen herauswischen.

6 Den Seifenspender umdrehen und die rechte Seite des seitenverkehrten Ausdrucks ebenfalls sehr fest von außen auf die Rückseite kleben.

7 Den mittleren Teil der Skyline fest auf einem der Folienstücke aufkleben und Bläschen mit der Rakel ausstreichen. Biege das beklebte Folienstück vorsichtig und stecke es durch die Öffnung des Seifenspenders. Mithilfe eines Löffelstiels kannst du die beklebte Folie gut in der Seife positionieren.

8 Aus den Papierresten mit den Motivstanzern buntes Konfetti in unterschiedlicher Größe herstellen. Das Konfetti auf ein Blatt Papier legen und einen ca. 7 cm langen Streifen Paketklebeband darüber kleben. Alles mit der Rakel feststreichen und das Papier in warmem Wasser einweichen lassen. Das Konfettiklebeband nun auf das zweite Folienstück kleben und damit wie in Schritt 7 vorgehen. Viel Spaß mit „Soap and the City“!

VORLAGE Skyline „Köln“ (oder beliebige Stadt): Druckvorlage: 18 cm breit, 1x seitenrichtig und 1x spiegelverkehrt (Laserdruck)

Land: Österreich
Bundesland: Wien
Einwohner: 1.888.776
Fläche: 414,87 km^2
Koordinaten: 48° 12' N, 16° 22' O

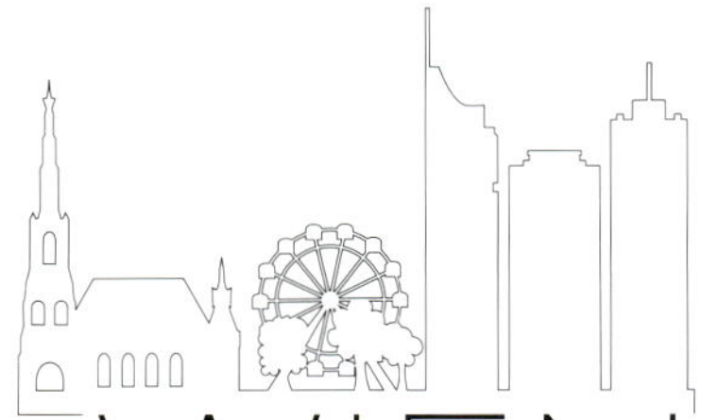

WIEN
BLUMENTOPF

MOTIVHÖHE
12 cm

MATERIAL
- Terrakottablumentopf, ø 11 cm
- Acrylfarbe in Schwarz und Weiß
- Druckerpapier in Weiß, A4
- Washi-Tape
- Pinsel, flach
- Serviettenkleber
- Papiertaschentuch
- Schleifpapier, Körnung 80
- Schere
- Kerze

1 Bestreiche den Blumentopf flächig mit schwarzer Acrylfarbe. Nachdem die Farbe getrocknet ist, mit der Kerze ungleichmäßig, aber mit hohem Druck über den Topf reiben, sodass an einigen Stellen eine leicht glänzende Wachsschicht entsteht.

2 Den Blumentopf mit einem flächigen Farbanstrich in Weiß versehen. Die Farbe gut trocknen lassen, dann den Topf vorsichtig mit Schleifpapier abreiben. Dort, wo eine dünne Wachsschicht über der schwarzen Farbe liegt, ist die weiße Farbschicht leichter abzuschmirgeln, sodass die schwarze Farbe durchscheint. Schmirgel so lange, bis du mit dem „antiken" Look zufrieden bist.

3 Das Papiertaschentuch auseinanderfalten und mittig auf das Druckerpapier legen. So glatt wie möglich streichen und rundherum an den Kanten sauber mit Washi-Tape auf dem Papier fixieren.

4 Nun bedruckst du die Papierseite mit Taschentuch mit deiner Wunsch-Skyline. Alternativ kannst du die Skyline draufkopieren. Beachte dazu die untenstehenden Hinweise zur Vorlage.

5 Die ausgedruckte Skyline durch alle Papierschichten ausschneiden, dann sehr vorsichtig die oberste Taschentuchschicht ablösen.

6 Den Topfrand mit Serviettenkleber bestreichen. Antrocknen lassen. Lege dann die ausgeschnittene Skyline auf und streiche sie vorsichtig mit einem trockenen Flachpinsel von innen nach außen fest. Zur Fixierung die Skyline noch einmal mit einer dünnen Schicht Serviettenkleber bestreichen.

TIPP Wenn der Topf eine umlaufende Bordüre bekommen soll, drucke eine weitere Skyline aus und wiederhole die Schritte 3–6 auf der gegenüberliegenden Seite des Topfes. Auf dieselbe Weise kannst du auch deinen Wunschtext hinzufügen.

VORLAGE Skyline „Wien" (oder beliebige Stadt): Druckvorlage: Höhe 1 cm kürzer als Topfrand +++ **oder** Kopiervorlage (Bogen A): entsprechend Topfrand verkleinern

Wien

Land: Deutschland
Bundesland: Hessen
Einwohner: 746.878
Fläche: 248,31 km²
Koordinaten: 50° 7′ N, 8° 41′ O

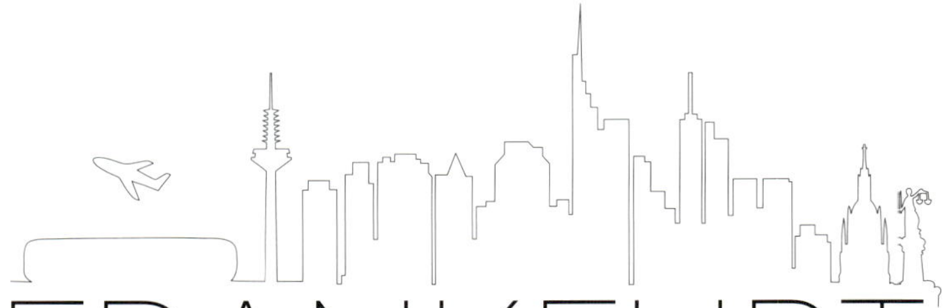

FRANKFURT
TABLETT

★★★

MOTIVGRÖSSE
25 cm x 35 cm

MATERIAL
- Holztablett, 25 cm x 35 cm
- Acrylfarbe in Schwarz
- Klarlack
- Washi-Tape
- Schwammpinsel
- Blattgold
- Anlegemilch
- 2 Pinsel
- Teller
- Cutter
- Schneidematte

1 Drucke deine Skyline aus. Alternativ kannst du sie auch kopieren. Beachte dazu die untenstehenden Hinweise zur Vorlage.

2 Schneide die schwarzen Flächen sauber mit einem Cutter aus, sodass eine Schablone entsteht. Diese ca. 6 cm vom unteren Rand des Tabletts mit ausreichend Washi-Tape fixieren, damit sie nicht verrutschen kann.

3 Etwas Farbe auf einen Teller geben und den Schwammpinsel mehrmals hineindrücken – so hast du nun einen gut dosierbaren Stempel. Stempel die Skyline vorsichtig mit schwarzer Acrylfarbe aus. Gut trocknen lassen.

4 Auf einzelne Gebäude der Skyline Anlegemilch aufbringen. Erleuchtete Fenster mit kleinen Tupfern auf den Gebäuden andeuten. Die Anlegemilch trocknen lassen.

5 Mit einem trockenen Pinsel Blattgold auf die mit Anlegemilch bestrichenen Stellen legen und andrücken.

6 Zum Schluss die Oberfläche des Tabletts mit Klarlack bestreichen, um sie für den täglichen Gebrauch zu schützen.

TIPP Falls du keinen Schwammpinsel zur Hand hast, schneide einfach einen ca. 2 cm langen Streifen von einem neuen Küchenschwamm ab.

VORLAGE Skyline „Frankfurt" (oder beliebige Stadt): Druckvorlage: 28 cm breit +++ **oder** Kopiervorlage (Bogen A): Originalgröße

Land: Deutschland
Bundesland: Bayern
Einwohner: 1.456.039
Fläche: 310,7 km^2
Koordinaten: 48° 8' N, 11° 35' O

MÜNCHEN
BAUMWOLLBEUTEL

MOTIVGRÖSSE
35 cm x 40 cm

MATERIAL
- Baumwoll-Turnbeutel in Weiß, 36 cm x 40 cm
- Pappe, 35 cm x 40 cm
- Fotopapier glänzend, A4
- Kopierpapier in Weiß, A4
- Bildtransfermedium
- Pinsel
- Rakel
- Bommelborte in Neonpink, 40 cm lang
- Nähgarn in Pink
- Nähnadel
- Silhouettenschere
- Konfetti
- Klebestift

1 Drucke aus dem Internet einen Stadtplan deiner Wunschstadt seitenverkehrt im DIN A4-Längsformat auf Fotopapier aus. Dann legst du dieses Fotopapier erneut in den Drucker und bedruckst es zusätzlich seitenverkehrt mit den Umrissen der Skyline deiner Wunschstadt.

2 Mithilfe der Silhouettenschere die Skyline entlang der Umrisse ausschneiden, dabei aber die Umrisslinien stehen lassen. Die zugeschnittene Stadtplan-Skyline in das untere Drittel des querliegenden weißen DIN A4-Blattes legen. Die noch freie Fläche des Blattes füllst du mit Konfetti, indem du jedes einzelne Stück mit etwas Kleber fixierst.

3 Von dem fertig gestalteten Stadtplan-Skyline-Konfetti-Bild eine Laser-Farbkopie im Format A4 fertigen.

4 Die Pappe zum Schutz und zur Stabilisierung in den Beutel legen. Dann die bedruckte Seite der Laserkopie und den Beutel an der zu bedruckenden Stelle gut mit Fototransfermedium einstreichen. Anschließend die bedruckte Seite auf den Beutel legen und das Papier mit der Rakel fest auf den Beutel streichen. Alles gut trocknen lassen.

5 Die Rückseite des Ausdrucks mit kaltem Wasser anfeuchten und das Papier abreiben, bis das Motiv zum Vorschein kommt.

6 Als Highlight quer unter die Stadtplan-Skyline von einer Beutelnaht zur anderen die pinke Bommelborte annähen. Viel Spaß beim Ausführen dieses besonderen Stückes!

VORLAGE Skyline „München" (oder beliebige Stadt): Druckvorlage: 28 cm breit

Land: Schweiz
Kanton: Zürich
Einwohner: 409.241
Fläche: 91.88 km^2
Koordinaten: 47° 22′ N, 8° 32′ O

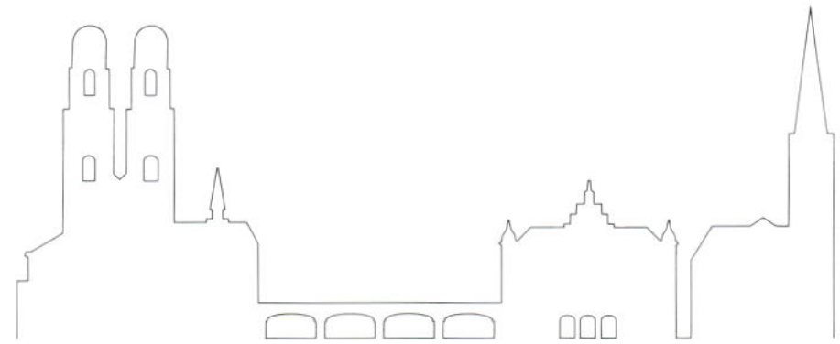

ZÜRICH
PINNWAND

MOTIVGRÖSSE
45 cm x 25 cm

MATERIAL

- Korkplatte, 45 cm x 25 cm
- Tapete „Ziegelsteinwand“, 60 cm x 50 cm
- FIMO® in Gelb
- 15 Reißzwecken
- Sprühkleber
- Sekundenkleber
- Rakel
- Cutter
- Bleistift
- Nudelholz
- Unterlage biegsam, A3

1 Die Tapete mit der Bildseite nach unten auf die Arbeitsfläche legen. Die Korkplatte darauf mittig positionieren und die Tapete mit einem umlaufenden Rand von ca. 10 cm zuschneiden. Aus der Tapete, jeweils zu den Ecken der Korkplatte zeigend, keilförmige Stücke herausschneiden, so lässt sie sich besser um die Ecken der Korkplatte legen.

2 Die Rückseite der Tapete und die zu beklebende Seite der Korkplatte flächig mit Sprühkleber einsprühen. Achte dabei auf eine geeignete Arbeitsunterlage. Den Kleber einen Moment anziehen lassen, dann die Korkplatte auf der Tapete positionieren. Mithilfe der Rakel die Tapete von innen nach außen fest auf die Korkplatte streichen. Dann auch auf die Randstücke Sprühkleber auftragen und die Tapetenränder ebenfalls mit der Rakel fest andrücken.

3 Drucke deine Skyline aus. Alternativ kannst du sie auch einfach kopieren. Beachte dazu die untenstehenden Hinweise zur Vorlage.

4 Mit dem Nudelholz FIMO® auf einer sauberen Unterlage ca. 5 mm dick ausrollen. Lege den Ausdruck bzw. die Kopie darauf und zeichne mit Bleistift die Umrisse eines Gebäudes nach, sodass sie sich auf die Modelliermasse übertragen. Das Gebäude entlang der Umrisse mit einem Cutter ausschneiden. Ebenso mit den anderen Gebäuden der Skyline vorgehen. Zum Schluss die Schnittkanten der ausgeschnittenen Gebäude mit der flachen Seite des Cutters glätten.

5 Die Gebäude umdrehen und in jedes mit einem Reißzweckenkopf einen leichten Abdruck eindrücken. In diesen kannst du nach dem Aushärten die Reißzwecke kleben. Für große bzw. breite Gebäude für mehr Stabilität zwei Reißzwecken eindrücken. Vorsichtig drücken, damit sich die Gebäude nicht verformen!

6 Das FIMO® nach Anleitung im Backofen aushärten lassen. Die Reißzwecken mit Sekundenkleber in die Abdrücke auf der Rückseite kleben. Nun kannst du deine Pinnwand dekorieren!

VORLAGE Skyline „Zürich“ (oder beliebige Stadt): Druckvorlage: 25 cm breit +++ **oder** Kopiervorlage (Bogen B): Skalierungsfaktor 90 %

LOVE
DON'T COUNT THE DAYS, MAKE THE DAYS COUNT
LIFE ITSELF IS THE MOST WONDERFUL FAIRY TALE
Hans C. Anderson

DRESDEN

Land: Deutschland
Bundesland: Sachsen
Einwohner: 551.072
Fläche: 328,48 km²
Koordinaten: 51° 3' N, 13° 44' O

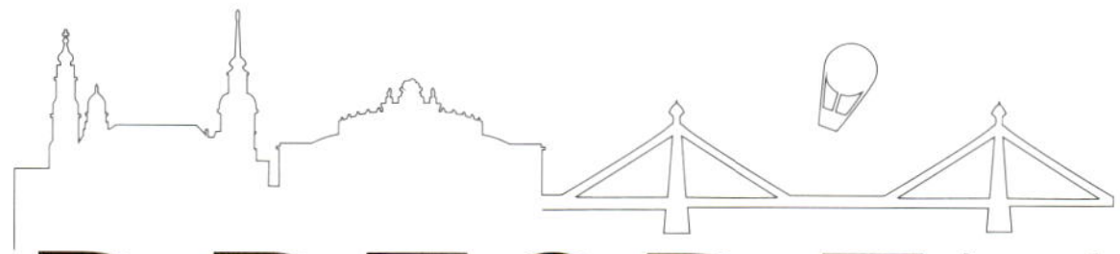

DRESDEN
SERVIERFORM

MOTIVGRÖSSE
28 cm x 20 cm

MATERIAL
- Auflaufform aus Klarglas, 28 cm x 20 cm
- Spraylack in Sonnengelb, Petrol, Flieder und Beere
- Permanentmarker in Schwarz
- Lackstift in Kupfer
- Washi-Tape

1 Drucke deine Skyline spiegelverkehrt aus. Alternativ kannst du sie auch kopieren. Beachte dazu die untenstehenden Hinweise zur Vorlage. Gestalte außerdem am Computer einen Schriftzug deiner Stadt mit 18 cm Breite und drucke ihn ebenso spiegelverkehrt aus.

2 Die Ausdrucke grob ausschneiden und mit der bedruckten Seite nach unten mit etwas Washi-Tape auf der Innenseite der Auflaufform fixieren. Die Auflaufform umdrehen und auf der Rückseite in lockeren Strichen die Umrisse der Skyline und des Schriftzuges mit dem Permanentmarker nachzeichnen.

3 Die Skyline mit dem schwarzen Stift schraffieren, den Schriftzug mit kupferfarbenem Lackstift ausfüllen.

4 Mit Lack in Flieder locker über die Rückseite der Auflaufform sprühen. Koloriere dann die Seiten, ebenfalls von hinten, mit den Sprayfarben in dunkleren Tönen. Alles gut trocknen lassen. Die Servierform kannst du mit Leckereien füllen. Wenn diese vernascht sind, wird der Blick auf dein Kunstwerk frei. Viel Spaß beim Überraschen deiner Gäste!

VORLAGE Skyline „Dresden" (oder beliebige Stadt): Druckvorlage: 18 cm breit, spiegelverkehrt +++ **oder** Kopiervorlage (Bogen B): Skalierungsfaktor 64 %

Land: Deutschland
Bundesland: Bremen
Einwohner: 568.006
Fläche: 325,56 km^2
Koordinaten: 53° 5' N, 8° 48' O

BREMEN
STICKBILD

MOTIVGRÖSSE
ø ca. 26 cm

MATERIAL
- Stickrahmen, ø 25,8 cm
- Leinenstoff in Grau, 50 cm x 50 cm
- Stoff in Weiß mit schwarzen Punkten, 20 cm x 30 cm
- Stickgarn in Gelb, Blau, Pink, Rosa und Flieder, je 50 cm lang
- T-Shirt-Transferfolie
- Sticknadel
- Textilkleber
- radierbarer Tintenroller
- Bügeleisen
- Schere

1 Drucke deine Skyline unter Berücksichtigung der Herstellerinformationen spiegelverkehrt auf die T-Shirt-Transferfolie. Alternativ kannst du sie auch draufkopieren. Beachte dazu die untenstehenden Hinweise zur Vorlage.

2 Die Skyline mittig auf den grauen Leinenstoff bügeln. Beachte hierbei die genauen Angaben des Herstellers. Dann spannst du den bedruckten Stoff in den Stickrahmen, sodass sich die Skyline im unteren Drittel befindet.

3 Die Vorlage für den Schriftzug ausdrucken oder kopieren und hinter den gepunkteten Stoff legen. Stoff und Vorlage vor eine Lichtquelle halten und die Umrisse mit radierbarem Stift auf den Stoff übertragen.

4 Die Vorlage für den gezackten Rahmen ebenso hinter den gepunkteten Stoff legen, sodass sich der zuvor übertragene Schriftzug innerhalb der Zacken befindet. Dann den Rahmen, wie unter Schritt 3 beschrieben, übertragen.

5 Den Stoff entlang des Rahmens ausschneiden. Die Stoffrückseite mit Textilkleber einstreichen und oberhalb der Skyline auf den grauen Stoff kleben. Trocknen lassen.

6 Das Stickgarn jeweils von sechs auf drei Fäden halbieren. Die Außenkanten des gepunkteten Stoffes mit Garn in Gelb nachsticken. Dafür benutzt du am besten den Plattstich (siehe Grundanleitung auf Seite 5). Die einzelnen Buchstaben des Schriftzugs in unterschiedlichen Farben ebenfalls mit dem Plattstich nachsticken.

7 Unterstreiche die Unterkante der Skyline mit einer gestickten Linie in Gelb. Diese setzt du mit dem Rückstich um (siehe Grundanleitung auf Seite 5).

8 Den überstehenden grauen Leinenstoff auf der Rückseite so zurückschneiden, dass er beim Aufhängen des Bildes nicht stört. Dekoriere nun deine Wohnung mit dem neuen Schmuckstück!

VORLAGE Skyline „Bremen" (oder beliebige Stadt): Druckvorlage: 18 cm breit, spiegelverkehrt +++ **oder** Kopiervorlage (Bogen B): Skalierungsfaktor 64 % +++ Schriftzug Bremen mit Rahmen (Bogen A): Originalgröße

Bremen

Land: Deutschland
Bundesland: Baden-Württemberg
Einwohner: 632.743
Fläche: 207,35 km²
Koordinaten: 48° 47′ N, 9° 11′ O

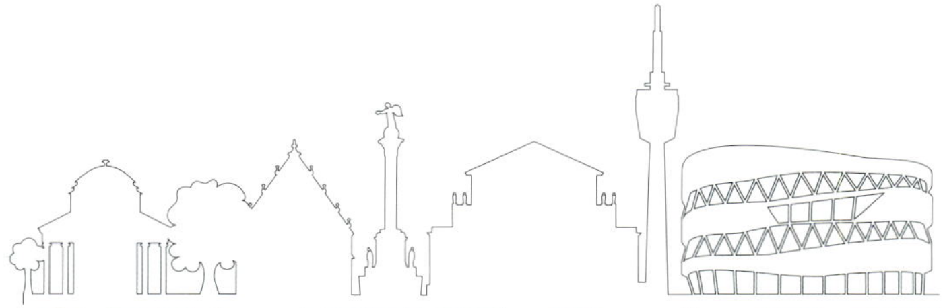

STUTTGART

POP-UP-KARTE

★★★

MOTIVGRÖSSE

21 cm x 15 cm

MATERIAL

- Fotokarton in Schwarz, 21 cm x 30 cm
- Fotokarton in Weiß-Orange gestreift, 20 cm x 28,5 cm
- Fineliner in Schwarz
- Marker in Lila, Flieder, Orange und Ocker
- Blender-Stift
- Bleistift
- Lineal
- Klebestift
- Schere

1 Drucke deine Skyline aus oder kopiere sie vom Vorlagenbogen. Beachte dazu die untenstehenden Hinweise zur Vorlage.

2 Pause auf dasselbe Papier sechs große Sterne, acht kleine Sterne und das Ortsschild ab. Alle Konturen mit schwarzem Fineliner in lockeren Strichen nachzeichnen, sodass der Eindruck einer handgezeichneten Skizze entsteht.

3 Die einzelnen Elemente zuerst mit Orange und Flieder, danach mit Lila und Ocker kolorieren. Einige ganz aussparen, das verleiht eine interessante Optik. Ausgewählte Stellen mit dem Blender-Stift übermalen, um leichte Farbverläufe und Wasserränder zu erzeugen.

4 Schneide nun die einzelnen Elemente aus. Lass dabei ringsherum einen weißen Rand stehen.

5 Falze den gestreiften Fotokarton zu einer Klappkarte im Querformat. Für die klappbaren Stege vom Falz ausgehend drei unterschiedlich breite und lange Rechtecke markieren. Die senkrechten Linien einschneiden.

6 Die Karte öffnen, die Stege nach innen klappen und Karte wieder schließen. Für schmale Stege, die von den Hauptstegen abgehen, die Karte mit dem Kartenfalz zu dir zeigend leicht aufklappen und ausgehend von den neu entstandenen Stegfalzen wieder die senkrechten Linien einschneiden. So lange fortfahren, bis du die gewünschte Anzahl und Anordnung an Stegen hast.

7 Lege die einzelnen Elemente an den gewünschten Steg und kontrolliere, ob sie beim Zuklappen der Karte nicht herausragen. Alles mit Klebestift befestigen. Sehr hohe Elemente am besten am Hintergrund fixieren. Den Hinter- und Vordergrund mit weiteren Sternen dekorieren.

8 Den schwarzen Fotokarton in der Mitte falzen. Die gestaltete Karte bündig an den Falz der schwarzen legen und mit etwas Kleber fixieren. Beide Karten fest aneinander drücken – fertig ist ein überraschender Gutschein, ein liebevolles Dankeschön oder einfach eine ganz individuell designte Karte.

VORLAGE Skyline „Stuttgart" (oder beliebige Stadt): Druckvorlage: 28 cm breit +++ **oder** Kopiervorlage (Bogen A): Originalgröße +++ Stern groß, Stern klein und Ortsschild (Bogen A): alle in Originalgröße

STUTTGART

Land: Deutschland
Bundesland: Berlin
Einwohner: 3.613.495
Fläche: 891,68 km²
Koordinaten: 52° 31′ N, 13° 24′ O

BERLIN
WANDTELLER

MOTIVGRÖSSE
⌀ 20 cm

MATERIAL
- Porzellanteller in Weiß, ⌀ 20 cm
- Porzellanstift in Schwarz und Türkis
- Kohlepapier
- Washi-Tape
- Bleistift

1 Drucke deine Skyline aus oder kopiere sie vom Vorlagenbogen. Beachte dazu die untenstehenden Hinweise zur Vorlage.

2 Schneide die Skyline so zu, dass sie auf die Innenfläche des Tellers passt. Wenn nötig, kannst du dafür rechts oder links der Skyline ein bis zwei Gebäude entfernen, damit die Details auch mit dem Porzellanstift umsetzbar sind.

3 Die zugeschnittene Skyline mit dem Bild nach oben auf der Innenfläche des Tellers positionieren und an einer Seite mit Washi-Tape fixieren.

4 Das Kohlepapier mit der färbenden Seite nach unten unter die fixierte Skyline schieben. Zeichne die Umrisse der Skyline mit Druck nach, sodass sie auf den Teller übertragen werden.

5 Den Ausdruck und das Kohlepapier vom Teller entfernen. Mit dem Porzellanstift in Schwarz vorsichtig die Umrisse der Skyline nachziehen, dann die Innenfläche der Skyline mit dem Porzellanstift in Türkis ausfüllen.

6 Die Vorlage für den Schriftzug am Teller fixieren, sodass der Text auf dem Tellerrand liegt. Übertrage die Vorlage wie in Schritt 4 beschrieben und zeichne den Schriftzug mit dem Porzellanstift in Schwarz nach. Heimatliebe kann so schön sein!

VORLAGE Skyline „Berlin" (oder beliebige Stadt): Druckvorlage: 13 cm breit +++ **oder** Kopiervorlage (Bogen A): Skalierungsfaktor 45 % +++ Schriftzug (Bogen B): Originalgröße

LIEBE
LIEBE
LIEBE
HEIMAT

Land: Vereinigte Staaten von Amerika
Bundesland: New York
Einwohner: 8.537.673
Fläche: 1.214,4 km²
Koordinaten: 40° 43′ N, 74° 0′ W

NEW YORK

LEINWAND-LEUCHTBILD

MOTIVGRÖSSE

50 cm x 40 cm

MATERIAL

- Leinwand in Schwarz, 50 cm x 40 cm
- Druckerpapier in Weiß
- 2 Kohlepapiere in Weiß, A4
- Washi-Tape
- Blattgold
- Anlegemilch
- 2 Pinsel
- Prickelnadel
- Prickelunterlage
- Mini-LED-Lichterkette mit 100 Leuchten, batteriebetrieben
- Kugelschreiber
- Heißklebepistole

1 Vergrößere deine Skyline auf einem Kopiergerät von Format A4 auf A3. Beachte dazu die untenstehenden Hinweise zur Vorlage.

2 Zunächst mithilfe von Washi-Tape die beiden Bogen Kohlepapier nebeneinander auf der Leinwand fixieren. Darüber positionierst du deine vergrößerte Skyline und fixierst sie so, dass die Vorlage nicht verrutschen kann. Ein größeres Buch o.Ä. unter die Leinwand legen, damit sie durch den Druck beim Übertragen der Umrisse nicht einreißt. Dann mit einem Kugelschreiber die Umrisse der gesamten Skyline nachziehen. Kontrolliere zwischendurch, ob der ausgeübte Druck ausreicht, um die Umrisse auf die Leinwand zu übertragen und erhöhe ihn eventuell. Dann die Vorlage und das Kohlepapier entfernen.

3 Mit einem Pinsel die übertragene Skyline flächig mit Anlegemilch ausmalen und leicht antrocknen lassen. Mithilfe eines trockenen Pinsels vorsichtig das Blattgold auf die Skyline legen und andrücken. Die Kanten der Skyline versäubern, indem du mit dem Pinsel überschüssiges Blattgold vorsichtig zur Skyline hin abwischst.

4 Lege die Prickelunterlage unter die Leinwand und stich oberhalb der Skyline in die gesamte Leinwand kleine Löcher, auch entlang der Umrisse. Die Einstiche nicht zu nah aneinander setzten, um das Ausreißen der Leinwand zu verhindern!

5 Die Batteriebox der Lichterkette mit einigen Tropfen Heißkleber in einer der unteren Ecken auf der Rückseite der Leinwand befestigen. Achte darauf, dass der Schalter dabei noch gut zu bedienen ist. Schiebe einige Lämpchen der Lichterkette vorsichtig durch die Prickellöcher. Die restlichen Lichter auf der Rückseite so verteilen, dass sie das Bild indirekt von hinten beleuchten.

VORLAGE Skyline „New York“ (oder beliebige Stadt): Kopiervorlage (Bogen A): Skalierungsfaktor 142 %

BARCELONA

Land: Spanien
Autonome Gemeinschaft: Katalonien
Einwohner: 1.620.809
Fläche: 101,4 km²
Koordinaten: 41° 24′ N, 2° 10′ O

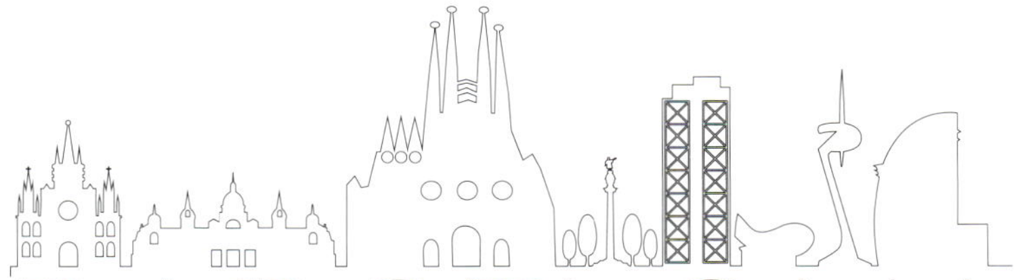

BARCELONA
GESCHENKTÜTCHEN

MOTIVHÖHE
20 cm

MATERIAL
- Druckerpapier in Weiß, A4
- Kohlepapier
- Aquarellpapier, A4
- Aquarellfarben in Blau, Grün und Gelb
- Moosgummi in einem hellen Farbton, 10 cm x 15 cm
- Stempelkissen in Schwarz
- Holzlatte, 4 cm x 14 cm
- Silhouettenschere
- Kleber
- Rakel
- Haarpinsel, Größe 1
- Bleistift
- Scanner

1 Wenn du mit der Druckvorlage arbeiten möchtest, helle die Skyline mit einem Bildbearbeitungsprogramm auf, sodass die Umrisse wie leichte Bleistiftstriche aussehen. Dann druckst du sie auf Aquarellpapier. Du kannst die Skyline aber auch mit deutlicher Aufhellung vom Vorlagenbogen auf Aquarellpapier kopieren. Beachte auch die untenstehenden Hinweise zur Vorlage.

2 Die Innenfläche der Skyline mit einem feinen Pinsel mit Wasser anfeuchten, dann Stück für Stück Aquarellfarbe auftupfen. Die Farben können nun innerhalb des Umrisses ineinander verlaufen. Das Aquarellbild gut trocknen lassen.

3 Scanne das Bild ein, damit du es anschließend so häufig wie nötig vervielfältigen kannst und drucke es auf weißem Druckerpapier aus.

4 Für den Stempel den Schriftzug deiner Stadt in Großbuchstaben am PC erstellen. Den Schriftzug ausdrucken und mit der bedruckten Seite nach oben auf die färbende Seite des Kohlepapiers legen. Die Buchstaben mit Bleistift nachziehen, sodass sich auf der Blattrückseite Kohleumrisse abzeichnen. Nun das Papier auf das Moosgummi legen und mit der Rakel fest darüber reiben. Die einzelnen Buchstaben aus dem Moosgummi ausschneiden.

5 Die Buchstaben spiegelverkehrt und in unterschiedlicher Höhe auf dem Holzstück positionieren, festkleben und trocknen lassen.

6 Den Aquarellausdruck auf Vorder- und Rückseite mit dem Schriftzug bestempeln. Das Blatt mit der Bildseite nach unten hinlegen. Die kurzen Seiten zur Mitte falten, sodass sich auf der vorderen Breite die Skyline erstreckt. Das überlappende Papier zusammenkleben. Die untere offene Seite ca. 1,5 cm nach hinten falten und festkleben.

7 Befülle die Tüten mit kleinen Leckereien und drücke zum Verschließen das Papier links und rechts von der Skyline vorsichtig zur Mitte. Falte die so entstandene neue Kante 1,5 cm um und fixiere sie mit Kleber.

VORLAGE Skyline „Barcelona" (oder beliebige Stadt): Druckvorlage: 14 cm breit +++ **oder** Kopiervorlage (Bogen B): Skalierungsfaktor 50 % +++ Schriftzug: Arial Black, 60 pt

Land: Italien
Region: Latium
Einwohner: 2.873.494
Fläche: 1.285,306 km²
Koordinaten: 41° 53′ N, 12° 29′ O

ROM
T-SHIRT

MOTIVHÖHE
ca. 60 cm

MATERIAL
- Langarm-Shirt in Schwarz
- Wäschebleiche
- Klebefolie, A4
- Sprühflasche
- Nadel
- Nähfaden in Schwarz
- Pappe, ca. 35 cm x 20 cm
- Metalllineal
- Cutter
- Schneideunterlage
- Gummihandschuhe

1 Drucke deine Skyline spiegelverkehrt auf die Rückseite der Klebefolie aus oder kopiere sie vom Vorlagenbogen darauf. Beachte dazu die untenstehenden Hinweise zur Vorlage.

2 Schneide die Skyline mit einem Cutter aus und klebe sie auf die Vorderseite des T-Shirts.

3 Die Pappe in das T-Shirt legen, damit die Rückseite vor der Bleiche geschützt ist. Decke deine Arbeitsfläche gut ab und schütze deine Kleidung mit einer Schürze und deine Hände mit Gummihandschuhen. Die Bleiche in eine Sprühflasche füllen und die Skyline mit einem feinen Sprühnebel besprühen. Gehe dabei vorsichtig vor, damit nicht zu viel Bleiche auf einmal auf den Stoff gelangt. Bereits nach einigen Minuten kannst du sehen, wie sich der Stoff entfärbt. Dann die Klebefolie langsam abziehen.

4 Das T-Shirt unter klarem Wasser ausspülen und zur endgültigen Fixierung bei 30 °C in der Waschmaschine waschen. Nach dem Waschgang trocknen lassen.

5 Zwei Drittel der Ärmel abschneiden und die Schnittkanten zweimal umkrempeln. Die Aufschläge locker mit einigen Stichen fixieren.

TIPP An filigranen Stellen der Skyline kann die Bleiche unter die Schablone laufen und Details können verloren gehen. Zeichne in diesem Fall Details nach dem Waschen und Trocknen eventuell mit einem Textilmarker in Schwarz nach. So erhältst du sehr feine und eindrucksvolle Details.

VORLAGE Skyline „Rom" (oder beliebige Stadt): Druckvorlage: 28 cm breit, spiegelverkehrt +++ **oder** Kopiervorlage (Bogen B): Originalgröße

P
A
R
I
S
PARIS

Land: Frankreich
Region: Île-de-France
Einwohner: 2.206.488
Fläche: 105,4 km^2
Koordinaten: 48° 51′ N, 2° 21′ O

PARIS
PARTYDEKO

MOTIVGRÖSSE
ca. 60 cm (Wimpelkette)

MATERIAL
für die Wimpelkette

- Motivkarton in Rosé, Mint und Schwarz, jeweils 30 cm x 30 cm
- Druckerpapier, A4
- Kreisstanzer, ø 4,5 cm
- Stanzer, rund mit Wellenrand, ø 5 cm
- Kordel in Schwarz, 3 m lang
- 3D-Doppelklebeband

WIMPELKETTE

1 Drucke deine Skyline dreimal aus oder kopiere sie vom Vorlagenbogen. Beachte dazu die untenstehenden Hinweise zur Vorlage.

2 Erstelle am PC eine Textdatei mit den einzelnen Großbuchstaben für den Schriftzug an (siehe Hinweis zu Schriftzug). Dabei ausreichend Platz zwischen den einzelnen Elementen lassen, um diese später sauber ausstanzen zu können. Die Buchstaben ausdrucken.

3 Die einzelnen Skylines und Buchstaben mit dem Kreisstanzer ausstanzen. Drehe dafür den Stanzer um, sodass du die Motive gut sichtbar positionieren kannst.

4 Übertrage die Vorlage für die Wimpel jeweils dreimal auf den Motivkarton in Mint und Schwarz und zweimal auf den Motivkarton in Rosé. Die Wimpel ausschneiden und an der angezeichneten Linie falzen. Lege sie in wechselnden Farben und in kleinem Abstand zueinander mit dem Falz über die Kordel und fixiere sie unsichtbar mit zwei Stücken des 3D-Doppelklebebandes.

5 Mit dem gewellten Kreisstanzer vier Kreise aus dem schwarzen und jeweils zwei Kreise aus dem roséund mintfarbenen Motivkarton ausstanzen. Mit dem 3D-Klebeband jeweils einen andersfarbigen Wellenkreis auf einen Wimpel kleben. Danach abwechselnd die Buchstaben und die Skylines leicht versetzt auf den farbigen Wellenkreisen befestigen.

VORLAGE für die Wimpelkette Skyline „Paris" (oder beliebige Stadt): Druckvorlage: 4 cm breit +++ **oder** Kopiervorlage (Bogen B): Skalierungsfaktor 14 % +++ Wimpel (Bogen B): Originalgröße +++ Schriftzug: Helvetica, 120 pt

MATERIAL
für die Kerze

- Blockkerze in Rosé, 8 cm hoch
- Transferfolie für Kerzen
- Washi-Tape
- Klebestift
- Glitter in Kupfer
- kleine Schüssel

für die Flaschenbanderole

- Druckerpapier in Hellbraun, A4
- Zeitungspapier zum Abkleben
- Piccolo-Sekt
- Glitter in Kupfer
- Klebefolienrest
- Sprühkleber
- Fineliner in Schwarz
- Cutter
- Schneideunterlage
- Lineal
- Klebeband
- Klebestift

FLASCHENBANDEROLE

1 Die Sektflasche für einige Minuten in lauwarmes Wasser stellen und alle Papieretiketten ablösen (nicht die metallische Folie um den Hals!). Die Flasche anschließend abtrocknen.

2 Die Sternvorlage auf die Rückseite der Klebefolie übertragen. Den Stern mithilfe von Cutter und Lineal ausschneiden. Löse die Trägerfolie ab und klebe den Stern sehr fest mittig auf den Flaschenbauch.

3 Den folierten Flaschenhals mit etwas Zeitungspapier und Klebeband sauber abkleben, damit er vor dem Sprühkleber geschützt ist. Die Flasche flächig mit Sprühkleber einsprühen und kurz anziehen lassen. Bestreue dann die Flasche mit dem Glitter. Alles gut trocknen lassen und überschüssigen Glitter abschütteln. Den Folienstern vorsichtig mit der Cutterspitze an einer Ecke anheben und abziehen.

4 Die Skyline am PC öffnen und den Schriftzug in Großbuchstaben hinzufügen. Beachte dazu die untenstehenden Hinweise zur Vorlage. Die Datei auf hellbraunem Papier ausdrucken.

5 Lege die Vorlage für die Banderole auf den Ausdruck, übertrage sie mit dem schwarzen Fineliner und schneide die Banderole außerhalb der Linien aus. Die Banderole um den Flaschenhals legen und die Enden mit etwas Kleber aneinander fixieren. Prost!

KERZE

1 Klebe einen Streifen Washi-Tape im Abstand von 1,5 cm zum unteren Rand gleichmäßig um die Kerze herum. Den freiliegenden Teil unterhalb des Tapes mit Klebestift einstreichen und mit Glitter bestreuen. Überschüssigen Glitter abschütteln und Tape vorsichtig abziehen.

2 Drucke deine Skyline als Laserkopie auf Transferfolie für Kerzen aus oder kopiere sie vom Vorlagenbogen darauf. Beachte dazu die untenstehenden Hinweise zur Vorlage.

3 Die Skyline entlang der Umrisse ausschneiden, in eine Schüssel mit Wasser geben und die sich ablösende bedruckte Schicht seitenrichtig am oberen Glitterrand um die Kerze legen. Solange die Folie feucht ist, kannst du sie hin und her schieben, bis du mit der Positionierung zufrieden bist. Fest andrücken und alles gut trocknen lassen. Dann ist stilechte Beleuchtung für deine Party auch schon einsatzbereit.

VORLAGE für die Flaschenbanderole Druckvorlage: 4 cm breit +++ Schriftzug: Helvetica light, 21 pt +++ Stern und Banderole (Bogen B): Originalgröße +++ **für die Kerze** Druckvorlage: 10 cm breit (Laserdruck) +++ **oder** Kopiervorlage: Skalierungsfaktor 35 % (Laserkopie)

PARIS

Land: Türkei
Provinz: Istanbul
Einwohner: 15.029.231
Fläche: 5.461 km²
Koordinaten: 41° 1' N, 28° 58' O

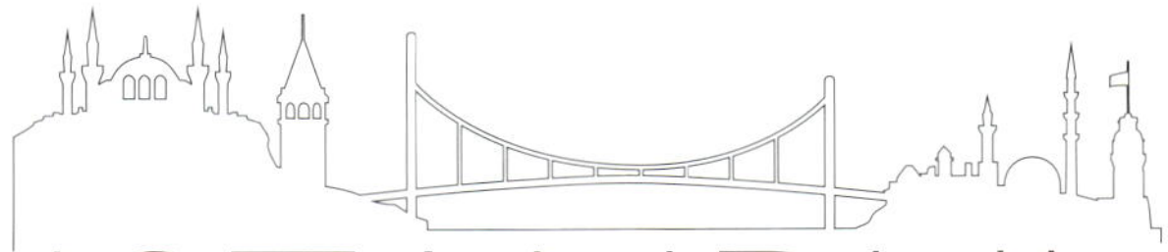

ISTANBUL
KISSEN

★ ★ ★

MOTIVGRÖSSE
40 cm x 40 cm

MATERIAL

- Kissenbezug in Weiß, 40 cm x 40 cm
- Kissenfüllung, 40 cm x 40 cm
- Pappe, 40 cm x 40 cm und 5 cm x 7 cm
- Konturenfarbe für Seidenmalfarben in Gold
- Seidenmalfarbe in Blau, Violett, Pink und Bordeaux
- Washi-Tape
- Haarpinsel, Größe 1 und 12
- je 1 Strängchen Stickgarn in Hell- und Dunkelblau
- Nähgarn in Blau
- Nähnadel
- Stecknadeln
- Backpapier

1 Den Kissenbezug zuerst waschen, trocknen lassen und ihn anschließend bügeln.

2 Drucke deine Skyline aus oder kopiere sie vom Vorlagenbogen. Beachte dazu die untenstehenden Hinweise zur Vorlage.

3 Klebe den Ausdruck bzw. die Kopie der Skyline mit etwas Washi-Tape mittig im unteren Drittel auf die quadratische Pappe. Die Pappe in den Kissenbezug legen und beides mit einigen Stecknadeln fest zusammenstecken. Pappe und Bezug sollten stramm aufeinander liegen, damit beim Übertragen der Skyline nichts verrutscht.

4 Mit dem feinen Pinsel die durchscheinende Skyline auf der Kissenvorderseite mit der Konturenfarbe nachzeichnen und danach flächig ausfüllen. Alles gut trocknen lassen.

5 Den Kissenbezug um die Skyline herum und an einigen Stellen am oberen Rand mit viel Wasser anfeuchten. Nun mit dem dickeren Pinsel erst die hellen, dann die dunklen Farbtöne auf die feuchten Stellen tupfen. Eventuell den Bezug erneut anfeuchten, damit die Farben weiterhin ineinander laufen können. Alles gut trocknen lassen. Zum Fixieren der Farbe, ein Stück Backpapier zwischen Stoff und Bügeleisen legen und den Bezug vorsichtig bügeln.

6 Jeweils zwei Quasten in Hellblau und Dunkelblau anfertigen. Dafür das jeweilige Stickgarn ca. 30-mal um das kleine Pappstück wickeln. Ein ca. 20 cm langes Garnstück derselben Farbe zuschneiden, durch die Schlingen am oberen Rand ziehen und sehr fest verknoten.

7 Das Garnbündel von der Pappe ziehen. Ein weiteres ca. 20 cm langes Garnstück derselben Farbe zuschneiden und 2–3 cm unterhalb des ersten Knotens um die Schlaufen wickeln und fest verknoten. Anschließend die Schlaufen am unteren Ende durchschneiden. Wiederhole die Schritte 6 und 7 für drei weitere Quasten.

8 Die Quasten mit einigen Stichen an die Ecken des Bezuges nähen, Kissenfüllung reinstecken und entspannen!

VORLAGE Skyline „Istanbul" (oder beliebige Stadt): Druckvorlage: 28 cm breit +++ **oder** Kopiervorlage (Bogen B): Originalgröße

Land: Vereinigtes Königreich
Landesteil: England
Einwohner: 8.787.892
Fläche: 1.572 km^2
Koordinaten: 51° 31′ N, 0° 7′ W

LONDON
UHR

MOTIVGRÖSSE
ø 24 cm

MATERIAL
- Wanduhr mit herausnehmbarem Glas, ø 24 cm
- Spraylack in Chrom
- Fotopapier, glänzend, A4
- Glitterkleber
- Glitter in Silber
- Pinsel

1 Entferne Glas, Zeiger und Ziffernblatt der Uhr. Den Korpus mit dem Spraylack ansprühen und die Farbe über Nacht trocknen lassen.

2 Drucke deine Skyline auf Fotopapier aus oder kopiere sie vom Vorlagenbogen. Beachte dazu die untenstehenden Hinweise zur Vorlage.

3 Lege Fotopapier und Ziffernblatt übereinander und halte sie gemeinsam vor eine Lichtquelle, z.B. ein Fenster. Die Außenkanten des Ziffernblattes auf das Fotopapier übertragen, sodass die Skyline mittig ca. 4–5 cm unter der Lochung für das Uhrwerk sitzt. Schneide das neue Ziffernblatt aus.

4 Den Glitterkleber gleichmäßig auf das neue Ziffernblatt aufbringen, dabei die gedruckte Skyline aussparen. Streue den Glitter auf und lass alles gut trocknen, erst dann überschüssigen Glitter abschütten.

5 Das neue Ziffernblatt in den Korpus einbauen und eventuell mit etwas Kleber fixieren. Baue nun auch die Zeiger wieder ein – fertig ist das neue Schmuckstück für deine Wand.

TIPP Lege über den bereits geschützten Arbeitsplatz ein zusätzliches Stück Papier, wenn du mit Glitter arbeitest. Überschüssiger Glitter wird so gut auffangen und kann durch einen einfachen Knick im Papier ganz einfach in das ursprüngliche Behältnis zurückgeschüttet werden.

VORLAGE Skyline „London" (oder beliebige Stadt): Druckvorlage: 13 cm breit +++ **oder** Kopiervorlage (Bogen A): Skalierungsfaktor 45 %

Land: Australien
Bundesstaat: New South Wales
Einwohner: 5.005.400
Fläche: 1.664 km²
Koordinaten: 33° 51′ S, 151° 12′ O

SYDNEY SCHLÜSSELANHÄNGER

MOTIVGRÖSSE

14,5 cm x 3,5 cm

MATERIAL

- Kunstleder in Silber, 2x 14,5 cm x 3,5 cm
- Öse mit Scheibe, ø 14 mm
- Schlüsselring, ø 3 cm
- Fototransfermedium
- Nähgarn in Türkis
- Rakel
- Pinsel
- Hammer
- Lochzange
- Nähmaschine

1 Öffne die Skyline mit 8 cm Breite im Bildbearbeitungsprogramm deines PCs. Den Namen der Stadt und die GPS-Koordinaten als Text hinzufügen und wie abgebildet positionieren. Drucke das kombinierte Skyline-Koordinaten-Bild spiegelverkehrt mit einem Laserdrucker auf ein A4-Papier aus.

2 Die Lederstreifen bündig links auf links aufeinanderlegen und mit der Nähmaschine mit einem Abstand von ca. 2 mm zu den Rändern zusammennähen. Die Kanten mit einer Schere leicht abrunden.

3 Lege den Lederstreifen vor dich auf die Arbeitsfläche, positioniere den Ausdruck linksbündig darauf und schneide ihn passend zu. Sowohl das Lederstück als auch die bedruckte Seite des Laserausdrucks mit Fototransfermedium bestreichen. Mithilfe der Rakel drückst du nun das Papier mit der bedruckten Seite fest auf das Leder. Gut trocknen lassen.

4 Die Rückseite des Ausdrucks mit kaltem Wasser anfeuchten und das Papier abreiben, bis das Motiv zum Vorschein kommt.

5 Markiere ca. 2 cm vom rechten Rand entfernt den Mittelpunkt für die Einschlagöse und stanze ein Loch. Die Öse nach Herstelleranleitung mit einem Hammer einschlagen. Zum Schluss den Schlüsselring durch den fertigen Schlüsselanhänger ziehen und deine Schlüssel haben einen individuellen und praktischen Begleiter!

VORLAGE Skyline „Sydney" (oder beliebige Stadt): Druckvorlage: 8 cm breit, spiegelverkehrt (Laserdruck)

Sydney 33°51'S, 151°12'O

Deine individuelle Stadt

IN DEN BERGEN
NOTIZBUCH

MOTIVGRÖSSE
22 cm

MATERIAL
- Notizbuch mit Pappcover, A6
- Tonpapierrest in Neonpink
- Kreisstanzer, ø 5 mm, 6 mm, 8 mm und 2,2 cm
- Kupferfolie
- Anlegemilch
- Paketband in Transparent
- Washi-Tape in Neonpink, 5 mm breit
- Serviettenpotch
- Klebestift
- Pinsel, breit
- Rakel
- Schüssel

1 Stelle deine Skyline nach Belieben aus den einzelnen Elementen zusammen, sodass sie letztendlich eine Breite von 9 cm hat und drucke sie aus. Beachte dazu auch die untenstehenden Hinweise zur Vorlage.

2 Einen 10 cm langen Streifen Paketklebeband auf die Vorlage legen und mithilfe der Rakel fest andrücken. Das überstehende Papier abschneiden.

3 Das Klebeband mit der Skyline in eine Schüssel mit warmem Wasser legen und warten, bis sich das Papier löst. Etwaige Reste mit dem Finger abreiben. Dann das Klebeband auf der Vorderseite des Notizbuches positionieren und mit der Rakel fest andrücken, sodass es sich sauber mit dem Cover verbindet.

4 Mit dem Pinsel zunächst die Vorderseite des Notizbuches in groben Strichen mit Anlegemilch einstreichen, dabei aber die Skyline aussparen. Die Anlegemilch einige Minuten trocknen lassen. Lege dann die Kupferfolie auf das Cover und übertrage sie, indem du mit der Rakel fest darüber streichst. Wiederhole diesen Vorgang auf der Rückseite und am Buchrücken.

5 Aus dem Tonpapier Kreise in verschiedenen Größen ausstanzen. Klebe sie mit Klebestift vorne und hinten auf das Notizbuch. Außerdem je einen Streifen Washi-Tape vorne und hinten an den Bund kleben.

6 Um die Kupferfolie vor Abrieb und die Punkte vor dem Abreißen zu schützen, bestreiche das Notizbuch abschließend mit Serviettenkleber und lass es gut trocknen. Dann kannst du es für deine nächsten kreativen Projektideen, Urlaubspläne oder für andere schöne Dinge nutzen!

VORLAGE Skyline-Elemente „Berge“ (oder andere Elemente nach Belieben): Druckvorlage: 9 cm breit, spiegelverkehrt (Laserdruck)

AM MEER
OBJEKTBILDERRAHMEN

MOTIVGRÖSSE
18 cm x 13 cm

MATERIAL
- Objektbilderrahmen mit entnehmbarem Glas, 18 cm x 13 cm
- Sprayfarben in Hellblau und Oceanblau
- Glasmalstift in Schwarz
- Washi-Tape
- Bild oder Foto (für die Rückwand)

1 Stelle deine Skyline nach Belieben aus den einzelnen Elementen zusammen, sodass sie letztendlich eine Breite von 14 cm hat und drucke sie aus. Beachte dazu auch die untenstehenden Hinweise zur Vorlage.

2 Das Glas aus dem Rahmen entfernen und die Vorlage mit der bedruckten Seite zum Glas mit etwas Washi-Tape darauf fixieren. Die Umrisse mit dem Glasmalstift übertragen und die Skyline dann flächig ausfüllen. Gut trocknen lassen.

3 Den Objektrahmen innen und an den Vorderkanten in Hellblau ansprühen und gut trocknen lassen.

4 Die Vorderkanten und die Innenseiten des Rahmens mit etwas Papier und Washi-Tape schützen, bevor du die Außenseiten des Bilderrahmens in Oceanblau ansprühst. Wieder alles gut trocknen lassen.

5 Schneide ein Foto oder ein atmosphärisches Bild aus einer Zeitschrift nach Belieben für die innenliegende Rückwand zu und fixiere es mit ein wenig Kleber. Jetzt kannst du den Rahmen mit einigen Lieblingsstücken dekorieren. Zum Schluss das Glas einsetzen und in Erinnerungen schwelgen.

VORLAGE Skyline-Elemente „Meer" (oder andere Elemente nach Belieben): Druckvorlage: 14 cm breit, spiegelverkehrt

Deine individuelle Stadt

IN DER KLEINSTADT

PAPIERLATERNEN

MOTIVHÖHE
17 cm

MATERIAL
je Laterne

- Transparentpapier, A4
- Anlegemilch
- Büroklammern
- Cutter
- Schneideunterlage
- Lineal
- Klebestift

für Laterne im Gold-Look

- Blattgold
- Washi-Tape in Gold
- Pinsel, breit

für Laterne im Punkte-Look

- Kupferfolie
- Washi-Tape in Rosé mit Punkten
- Bleistift mit aufgestecktem Radiergummi

1 Stelle deine Skyline nach Belieben aus den einzelnen Elementen zusammen, sodass sie letztendlich eine Breite von 14 cm hat und drucke sie im Querformat auf Transparentpapier aus. Beachte dazu auch die untenstehenden Hinweise zur Vorlage.

2 Mit dem Cutter einen ca. 5 cm breiten Streifen am unteren Rand des Transparentpapiers abschneiden.

Laterne im flächigen Gold-Look

3 Das Lineal über die Skyline legen und die nicht abgedeckte Fläche in lockeren Strichen mit Anlegemilch bestreichen, sodass ein akkurater Rand zur Skyline hin entsteht. Die Anlegemilch antrocknen lassen. Das Blattgold vorsichtig mit einem trockenen Pinsel auf die zuvor eingestrichenen Flächen legen und vorsichtig andrücken.

4 Die beiden kurzen Seiten hinten zusammennehmen und mit ein wenig Kleber fixieren. Zum Trocknen oben und unten je eine Büroklammer ansetzen. Die Klebestelle später mit einem Streifen Washi-Tape in Gold dekorieren.

Laterne im Punkte-Look

5 Trage die Anlegemilch mit dem runden Radiergummi eines Bleistifts auf das bedruckte Transparentpapier auf. Antrocknen lassen, dann die Kupferfolie auf das Papier legen und fest mit einer Rakel darüber streichen.

6 Die Laterne am oberen und unteren Rand mit Washi-Tape dekorieren und die kurzen Seiten hinten zusammenkleben.

VORLAGE Skyline-Elemente „Kleinstadt" (oder andere Elemente nach Belieben) Druckvorlage: 14 cm breit

LIS ANNA BJÖRNSON

Lis Anna Björnson lebt und arbeitet im hohen Norden Deutschlands zwischen den Meeren. Die Liebe zur kühlen, abwechslungsreichen nordischen Landschaft, ihre Leidenschaft für klares, einfaches skandinavisches Design und ihre Kinder inspirieren sie dabei immer wieder bei der vielfältigen Gestaltung ihres alltäglichen Umfelds.

IMPRESSUM

FOTOS: frechverlag GmbH, 70499 Stuttgart: lichtpunkt, Michael Ruder, Stuttgart

SKYLINE-VORLAGEN: Atelier Schwab, Haselund

PRODUKTMANAGEMENT UND LEKTORAT: Magdalena Wassen

LAYOUT UND SATZ: Konstanze Laue

DRUCK UND BINDUNG: Finidr s.r.o., Tschechische Republik

1. Auflage 2019

ISBN 978-3-7724-7894-9 • Best.-Nr. 7894

DANKE!

Ein herzliches Dankeschön geht an die Firmen Rayher, Kreul und Edding für die freundliche Bereitstellung unterschiedlichster Materialien.

Ich bedanke mich auch ganz besonders bei meiner Lieblings-Familie, dem frechverlag und allen DIYlern da draußen, die Spaß am Selbermachen haben und die Welt damit jeden Tag ein bisschen bunter und liebenswerter machen.

KREATIV-HOTLINE

Hilfestellung zu allen Fragen, die Materialien und Bastelbücher betreffen: Frau Erika Noll berät Sie.

Rufen Sie an oder schreiben Sie eine E-Mail!

Telefon: 05052 / 911858*
E-Mail: mail@kreativ-service.info
*normale Telefongebühren

Der Freischalte-Code lautet: 17022